사순 시기란

소박하지만 편리한 가이드

The Handy Little Guide to Lent
Michelle Jones Schroeder

사순 시기란
소박하지만 편리한 가이드

발행일 2026. 2. 2

글쓴이 미셸 존스 슈뢰더
옮긴이 서영필
펴낸이 강병완

펴낸곳 성바오로
출판등록 7-93호 1992. 10. 6
주소 서울특별시 강북구 오현로7길 20(미아동)

취급처 성바오로보급소 **전화** 944-8300, 986-1361
팩스 986-1365 **통신판매** 945-2972
E-mail bookclub@paolo.net
인터넷 서점 www.paolo.kr

책값은 뒤표지에 있습니다.
ISBN 978-89-8015-966-6
교회인가 서울대교구 2025. 11. 28 **SSP** 1109

소박하지만 편리한 가이드

사순 시기란

미셸 존스 슈뢰더 글
서영필 옮김

성바오로

서문

“보속으로, 이 글을 읽어 보세요.”

사순 시기는 굵은 베옷과 재, 장송곡처럼 들리는 성가, 우리 가톨릭 세계 전체를 뒤덮는 듯한 무거운 분위기가 배어 있는 기간입니다. 멋지게 들리지 않나요? 물론 겉으로 보기에 사순 시기가 우리의 신앙을 대표하는 가장 신나는 때는 아니지만, 전례력상 영적으로 지극히 풍요로운 시기입니다. 우리의 신앙생활은 이때 비약적으로 성장할 수 있습니다. 그리스도와 더 가까워질 수 있는 이 놀라운 기회를 최대한 활용하고 싶지 않으신가

요? 좋습니다. 그럼 계속해서 이 글을 읽어 보세요.

사순 시기는 단순히 금요일에 금육을 지키고, 좋아하는 것을 포기해야만 하는 40일이 아닙니다. 「가톨릭 교회 교리서」에는 "교회는 해마다 40일간의 사순 시기를 통하여 광야의 예수님 신비와 결합한다."(540항)라고 명시합니다. 넓은 의미에서 사순 시기는 예수님과 더 깊은 관계를 맺으라는 초대입니다.

사순 시기는 희생에 관한 것입니다. 그렇습니다, 사탕을 포기한 것이 천국에 가는 것과 실제로 관련이 있을 수 있습니다. 사순 시기는 우리의 죄에 대해 더 많이 생각하는 시간이며, 우울하게 들릴 수 있겠지만 이러한 실천은 실제로 우리를 예수님께 더 가까이 이끌 수 있습니다. 사순 시기는 교회 안에서 슬픔이 만져질 듯 느껴지는 때이지만, 바로 그 슬픔이 우리를 영원한 행복으로 이끌 수 있습니다. 우리는 이어지는 글에서 표면적으로는 모순처럼 보이는 것들을 살펴볼 것입니다. 또한 우리는 기도, 단식(희생), 자선에 대해 구체적으로 살펴보고, 사순 시기 동안 이러한 것들에 어떻게 접근해야 하는지 알아볼 것입니다. 사순 시기 40일을 더 잘 활용하여 예수님과 더 긴밀히 결합하고, 주님을 향한 사랑을 키우는 것이 목표입니다.

하지만 우리는 사순 시기뿐만 아니라 항상 주님과 더 가까운 관계를 맺기 위해 늘 노력해야 하지 않을까요? 맞습니다! 사순 시기는 온 교회가 함께 십자가에 달리신 예수님과 더 친밀하게 동행할 수 있는 특별한 기회입니다. 우리는 모두 십자가를 지고 살아갑니다. 가정 문제로 인한 스트레스나 경제적 어려움, 질병 또는 그 밖에 다른 고통 등을 겪으며 사는 우리는 예수님께서 수난과 죽음을 통해 겪으신 고통에 어떤 식으로든 공감합니다. 그리고 사순 시기 동안 교회의 전례와 기도는 우리가 예수님께서 지고 가신 십자가를 보다 절실히 깨닫고, 고통의 경험을 나누면서 예수님과 공감할 수 있는 기회를 제공합니다.

사순 시기의 개인적이고 공동체적인 측면을 살펴봄으로써 우리는 이 시기에 접근하는 새로운 방법들을 배울 수 있습니다. 수년 동안 무심코 한 일들이 어떻게 천국에 가는 데 도움이 되는지 그 목적을 이해하게 될 것입니다. 이 글을 통해 사순 시기를 더 깊이 파고들 영감을 얻고, 사순 시기 40일을 풍요롭게 보낼 수 있는 다른 소재들을 탐색하는 출발점으로 삼으시기를 바랍니다.

차례

나의 알렐루야는 어디에 있나요?

사순 시기 동안에는 미사와 성당의 모습에도 몇 가지 중요한 전례적 변화가 있습니다. 제대에 꽃 장식을 하지 말아야 합니다. 사실 성전은 황량해 보일 수도 있습니다. 음악은 더 엄숙해지고, 부수적으로 악기만 연주해서는 안 됩니다. 오르간과 다른 악기들은 노래 반주에만 쓰입니다. 또한 사제들이 슬픔과 참회를 상징하는 색인 보라색 제의를 입는 것을 볼 수 있습니다. 기쁨을 노래하는 대영광송도 듣지 못할 것입니다. 하지만 제가 가장 크게 느끼는 사순 시기의 변화는 알렐루야를 생략하는 것입니다. 파스카 성야가 될 때쯤에는 말 그대로 미사 중에 그 환호성을 외칠 수 있었던 것이 그리워집니다. 그리고 다음은 공식적인 지침은 아니지만, 미사 후의 모임이나 사교 활동을 자제하는 것이 관례입니다(아이들아, 미안하지만 미사 때 아무리 얌전히 있어도 부활절까지는 상으로 간식을 먹을 수 없단다!). 많은 성당에서 사순 시기 동안 미사 후에 완전한 침묵 중에 퇴장하는 등의 다른 전통들도 있습니다.

사순 시기 여섯 번의 주일 독서는 이 시기의 장엄함을 반영합니다. 연중 시기 동안에는, 모든 독서가 복음에서 절정을 이루는 하나의 주제를 관통하여 멋지게 연결됩니다. 하지만 사순 시기 동안에는 제1독서와 제2독서에서 구원과 회심에 관한 메시지를 전달하는 반면, 복음은 죄에서 돌아서서 구원을 찾는 이야기에 중점을 둡니다. 사순 시기 첫 주일의 복음이 광야에서의 예수님 이야기라는 것도 크게 놀랄 일은 아닐 것입니다. 이는 우리가 사순 시기 동안 무엇을 해야 하는지에 대한 분위기를 정확하게 설정해 줍니다.

사순 시기의 정점인 성삼일 동안 전례의 분위기는 훨씬 더 크게 바뀝니다. 주님 만찬 성목요일 전에 많은 성당에서는 성전 안의 성상들을 보라색 천으로 가리는데, 이 모습은 특히 우울해 보이기도 합니다. 주님 수난 성금요일에는 성찬 축성이 없으며, 따라서 하늘과 땅이 만나는 순간도 없습니다. 제가 가장 힘겨워하는 전례의 변화는 신자들이 군중으로 참여하여 그리스도의 수난 복음을 선포하는 부분입니다. 그것은 우리 한 사람 한 사람이 그리스도의 고통에 책임이 있다는 사실을 너무나 명백하게 상기시킵니다. 2천 년 전 군중 속에서 소리치던 사람들뿐만 아니라 바로 우리가 예수님을 십자가에 못 박은 것입니다. 다른 죄수를 풀어 주기로 선택한 것은 그들만이 아니라 우리도 그렇게 한 것입니다. 온 교회가 한목소리로 그 말들을 소리 내는 것은 고통스럽습니다. 제대

뒤의 십자가를 바라보며 "십자가에 못 박으시오." 라고 말할 때 정신이 번쩍 들지 않을 수 없습니다.

이 모든 것은 이 시기의 경외심을 높이는 데 도움을 주며, 우리 가톨릭 신앙 안에서 매우 거룩한 일이 일어나고 있음을 상기시켜 줍니다. 전례 중 많은 관례가 생략되는 것은 예수님의 수난과 죽음, 부활을 통해 우리가 얻게 된 모든 것을 떠올리게 합니다. 결국 수난과 부활이 없었다면 성찬례는 결코 존재하지 않았을 것입니다! 다른 의미에서 보면, 전례의 많은 핵심 요소의 부재는 우리의 예배에 공백이 생겼다는 뜻이며, 그 공백은 오직 그리스도께서 부활하셨을 때만 채워집니다. 이 개념을 기도하는 마음으로 묵상하면 우리 삶의 모든 빈 공간이 오직 주님에 의해서만 진정으로 채워진다는 사실을 깨닫는 데 도움이 됩니다.

◆ 사순 시기 동안의 전례적 변화에 대해 더 알고 싶으시면, 로마 미사 경본 총지침 62-63항(알렐루야), 305항(꽃 장식), 313항(음악), 346항(보라색)을 참조하십시오.

해시태그
'#재의수요일'

이마에 재를 바른 사진이 소셜 미디어에 올라오기 시작하면 오늘이 재의 수요일이라는 것을 알게 될 것입니다. 우리의 신앙을 공개적으로 드러내는 일도 좋지만, 애초에 왜 재를 받는지 이해하는 것 또한 중요합니다.

한 가지 흔한 오해를 풀자면, 재의 수요일은 의무 축일이 아닙니다! 재를 받지 않는다고 해서 죄를 짓는 것은 아닙니다. 하지만 굳이 이 사실을 퍼뜨리고 다니지는 마세요. 재의 수요일은 미사 참여율이 높은 날이니까요. 의무 축일은 아니지만, 재의 수요일은 단식과 금육을 반드시 지켜야 하는 날입니다. 이것이 무엇을 의미하는지는 곧 자세히 이야기할 테니, 기대해 주십시오.

우리가 받는 재는 지난해 성지 주일에 성당에서 나누어 주었던 성지를 태워 만든 것입니다. 이 재는 우리의 죽을 운명, 즉 하느님께서 우리를 흙으로 빚으셨고 언젠가 우리의 지상 육신이 흙으로 돌아갈 것을 상기시켜 줍니다. 솔직히 말해, 자신의 죽음을 묵상하는 것으로 수요일을 보내는 것이 즐거운 일은 아니지만, 중요한 일입니다. 우리가 천국에서 영원히 살지 말지는 무작위 추첨으로 결정되는 것이 아니며, 살면서 우리가 내리는 선택과 하느님 자비의 은총에 따라 좌우됩니다. 따라서 죽음의 현실을 기억하는 것은 우리가 삶에서 더 나은 선택을 하도록 돕고, 최종 목표에 계속 집중하도록 해 줍니다. 특히 사순 시기 동안에 우리의 유한성을 기억하는 것은 육체적 죽음뿐만 아니라 이 땅에서의 영적 삶을 추구하는 데도 도움이 됩니다. 우리의 죽을 운명은 또한 그리스도와의 관계를 온전히 받아들이는 데 필요한, 우리 자신에 대한 죽음을 상기시켜 줄 수도 있습니다. 우리는 그분의 뜻을 온전히 받아들이기 위해 우리 자신의 욕망에 죽어야 합니다. 궁극적으로 재의 수요일은 너무 늦기 전에 회개해야 할 필요성을 상당히 공개적으로 인정하는 방법입니다.

사순 시기 내내 우리는 단순히 여러 세대에 걸쳐 전해 내려온 의례적인 습관을 따르는 것이 아니라는 점을 스스로에게 계속 상기시키는 것이 중요합니다. 우리가 사순 시기 동안 하는 모든 일에는 특정한 상징과 목적이 담겨 있습니다. 특히 모태 신앙인들에게는 이러한 활동의 의미에 대해 깊이 생각하지 않고 그냥 지나치고 싶은 유혹이 큽니다. 어쨌든 우리는 작년에 같은 일을 했고 내년에도 같은 일을 할 것입니다. 이것이 바로 우리가 우리 행동의 의미를 제대로 파악해야 하는 이유입니다. 이해가 없다면 이 모든 것은 반복 훈련에

불과하며, 주님과 함께하는 영원한 행복으로 우리를 나아가게 하는 데 아무런 도움이 되지 않을 것입니다.

기도에
활력 불어넣기

사순 시기의 세 가지 기둥 중 하나이면서도 가장 소홀히 여기기 쉬운 것이 바로 기도입니다. 물론 사순 시기에만 기도하는 것은 아니지만, 이 시기에는 우리의 기도가 새로운 모습을 띠어야 합니다. 기도는 영혼의 양식이며, 신앙에서 이 진지하고 엄숙한 시기에는 특히 중요합니다. 우리가 단식하고 희생할 때 악마는 예수님께서 광야에서 40일을 보내실 때(네, 바로 그 40일입니다.) 그랬던 것처럼 유혹을 더 부추기며 즐거워합니다. 하느님과의 소통인 기도는 우리가 이러한 유혹을 견딜 힘을 줍니다.

기도는 또 어떤 역할을 할까요?

기도는 우리의 영을 견고하게 하고 용기를 줍

니다. 하느님께서 거룩함을 구하는 우리 기도에 항상 신속한 도움으로 응답하시기 때문입니다! 그분은 우리가 사순 시기 동안 당신과 더 가까워지는 데 성공하기를 바라시기에 우리를 돕기 위해 할 수 있는 모든 것을 하십니다. 비록 우리가 영혼 안에서 그분의 활동을 느끼지 못할지라도 말입니다.

기도는 영적 메마름의 시기에 우리에게 희망을 줍니다. 성사와 더불어, 기도는 하늘나라와 우리를 이어 주는 연결 고리이며, 우리는 사순 시기 동안 이 점에 정말로 집중해야 합니다. 때로는 최종 목표에 시선을 고정하는 것만으로도 우리의 결심을 어기고 싶은 유혹을 이겨 낼 수 있습니다.

기도는 예수님께서 우리를 위해 치르신 희생에 대해 더 풍부한 이해와 깊은 감사의 마음을 갖게 하는 데 중요한 역할을 합니다. 성령의 비추심을 통해 우리는 예수님께서 우리를 구원하시기 위해 견디신 고통을 더 깊이 이해하며 성장할 수 있습니다. 이는 기도에서 시작됩니다. 성경을 읽거나 기도할 때 성령께서 도와주시기를 청하기만 해도 우리는 사순 여정에서 풍성한 열매를 맺게 될 것입니다.

우리는 "끊임없이 기도하십시오."(1테살 5,17)라는 부르심을 받았기 때문에 이 40일 동안 기도에 대한 신심을 의식적으로 늘리는 것이 중요합니다. 사순 시기 동안, 저는 평소에 잘 바치지 않는 다른 기도들을 바치는 시간을 좋아합니다. 저는 호칭 기도를 많이 바치는데, 특히 '신뢰의 호칭 기도'◆와 '겸손의 호칭 기도'를 즐겨 바칩니다. 온라인에서 기도를 검색하거나 가톨릭 서점에 들러 영감을 얻어 보십시오.

사순 시기 동안 제가 '가장 좋아하는' 기도 활동 중 하나는 성모님의 관점에서 십자가의 길을 드는 것입니다. 제가 '가장 좋아하는'에 따옴표를 붙인 이유는 그 단어가 즐거움을 암시하기 때문입니다. 저는 아들이 고문당하고 살해당하는 것을 지켜보는 성모님의 찢어지는 고통을 듣거나 읽는 것을 결코 즐기지 않습니다. 하지만 그것이 영적으로 엄청난 유익을 준다는 것을 압니다. 이는 주님의 수난과 죽음의 실상에 대해 정신이 번쩍 들게 하는 경종과도 같습니다. 어머니로서 성모님께서 어떻게 느끼셨을지 상상할 수 없지만, 이 사건들의 중요성을 이해하고 그리스도의 희생을 결코 당연하게 여기지 않기 위해 성모님의 관점에 몰입하려고 노력하는 것이 중요하다고 생각합니다.

사순 시기는 우리의 기도 생활을 다시 정상 궤도에 올려놓을 좋은 시기입니다. 평소 습관에서 벗어난 다른 형태의 기도를 실험해 볼 수도 있고, 혹은 시작하겠다고 말만 하던 기도 습관을 이제는 실제로 시작해야 할 때일 수도 있습니다. 사순 시기 동안 매일 묵주 기도를 바치겠다고 약속해 보십시오. 솔직히 저는 8년 전 사순 시기에 그렇게

했고, 그 이후로 매일 계속하고 있습니다! 이제는 하루라도 빼먹는 것을 상상할 수 없습니다. 정말 놀라운 일이죠. 그 이전에는 무려, 수십 년 동안 묵주 기도를 바치지 않았거든요! 또한 렉시오 디비나(거룩한 독서)와 같이 성경을 묵상하며 기도하거나 성체 조배를 바치며 사순 시기 동안 기도 생활을 심화할 수도 있습니다.

다시 말씀드리지만, 가톨릭 웹사이트와 서점에는 수많은 자료가 있습니다. 미리(재의 수요일 몇 주 전쯤) 계획을 세우고 자료를 모아서 특정 시간을 할애해 기도를 바치거나, 사순 시기 동안 기도 생활을 새로운 차원으로 끌어올릴 준비를 시작하시기를 추천합니다.

• 신뢰의 호칭 기도(The Litany of Trust)는 생명의 자매회 소속 Faustina Maria Pia 수녀가 쓴 현대 가톨릭 기도문입니다. 이 기도는 신자들이 예수 그리스도께 전적인 신뢰를 드릴 수 있도록 도와주며, 예수님께서 신뢰를 방해하는 두려움, 의심, 불안에서 해방시켜 주시길 청하는 기도입니다. 기도는 사랑받지 못할까 하는 두려움, 미래에 대한 불안, 하느님의 약속에 대한 불신, 자기 의존 등 장애물에서 자유롭게 해 달라는 청원을 포함합니다.

자선

우리는 성탄 시기가 자선 활동에 가장 적절한 때라고 생각할지도 모르지만, 자선은 사순 시기 동안의 신앙 여정에서도 매우 중요한 역할을 합니다. 미사 때 특별 헌금을 하는 것을 볼 수 있는데, 이는 교회가 돈을 더 벌려고 하는 것이 아닙니다. 자선에 중점을 두는 이유는 어려움에 처한 이들에게 우리가 더 자비로워지는 법을 배우도록 돕기 위함입니다.

자선이 복음의 중요한 주제인 데에는 그럴 만한 이유가 있습니다. 보다 가난한 이들에게 돈이나 물품을 기부하는 것은 우리 자신만을 생각하는 데서 벗어나 다른 사람들을 더 많이 생각하도록 이끌어 줍니다. 이기적으로 행동하며 거의 전적으로 자기 자신의 필요와 욕구만 생각하기는 매우 쉽습니다. 시선을 돌려 밖을 바라보면 무엇이 보일까요? 바로 우리 자신처럼 사랑해야 할 대상인 우리의 이웃이 보입니다.

자선을 베푸는 것은 또한 우리가 감사와 겸손을 배우도록 돕습니다. 자선은 우리의 이기심을 돌아보고 우리가 비록 원하는 모든 것을 갖지 못할지라도 더 적게 가진 이들과 나눌 무언가가 있음에 감사하게 만듭니다. 사순 시기 동안의 자선은 이 시기의 희생적 본질의 일부이기도 합니다. 나눌 만한 여유분이 없다고 생각할 수도 있지만, 바로 그것이 하느님께서 사순 시기 동안 우리에게 요구하시는 자선의 수준입니다. 그분은 우리가 남아도는 것으로 이웃을 사랑하기를 원하지 않으십니다. 하느님께서는 우리가 그보다 더 깊이 파고들어 희생적인 사랑을 배우기를 바라십니다. 그것이 바로 그분께서 우리에게 보여 주신 사랑의 종류입니다.

사순 시기는 단순히 헌금함에 무언가를 넣는 것 이상으로 나아갈 수 있는 특별히 멋진 시간이기도 합니다. 진정으로 자선 안에서 성장하기 위해서는 자기만의 안전지대에서 조금 나와야 합니다. 사선 난제에 참여해 보십시오. 많은 본당이 공동체적 사순 실천의 일환으로 특정 단체를 지원하니, 본당 사무실에 문의해 어떤 기회들이 있는지 알아볼 수 있습니다. 가능하면 가족이나 친구들과 함께 참여해도 좋습니다. 사순 시기 동안 그리스도의 복음을 나누는 것은 특히 보람 있는 일이며, 봉사에 자기 시간을 바치는 것보다 더 좋은 일은 없습니다. 이러한 모범을 통해 우리는 그리스도의 손과 발이 되어 가장 필요한 이들에게 그분의 사랑을 전할 수 있습니다.

지난 사순 시기에 저희 본당은 우리 시의 정신

질환을 앓는 분들만을 위한 노숙인 쉼터를 후원했습니다. 각종 개인 위생용품, 슬리퍼와 같은 소박한 생필품, 그리고 시설 보수와 비품을 위한 현금 등 다양한 종류의 기부금이 본당 전체에서 모였습니다. 또한 우리는 그 시설에서 '봉사의 날'을 계획했습니다. 제 아들 같은 십 대들은 경험 많은 교우들과 함께 시설 청소와 보수 작업을 했습니다. 제 딸 같은 어린아이들은 거주민들의 방에 걸 커튼을 봉에 꿰는 것을 도왔습니다. 우리는 모두 거주민들과 함께 공예품을 만들고 보드게임을 하며 시간을 보냈습니다. 네, 거주민들이 상당히 심각한 경우를 포함한 다양한 정신 질환을 앓고 있었기 때문에 아이들이 이런 모습을 보는 것이 다소 충격적일 수도 있었습니다. 하지만 아이들이 자기들만의 안전한 세상에서 벗어나 다른 사람들이 매일 어떤 일을 겪는지 보는 것은 좋은 경험이었습니다. 그날은 크고 이동이 가능한 조리 장비를 가진 우리 교우 한 분이 준비한 식사로 마무리했습니다. 그는 모든 사람을 위해 온갖 반찬과 함께 생선 튀김을 요리했고, 우리는 모든 이에게 식사를 대접한 후 그들과 함께 앉아 식사를 했습니다.

여러분의 본당에 정해진 사순 시기 봉사 프로젝트가 없다면 친구 몇 명을 모아 직접 체험해 보거나, 주임 신부님과 상의해 본당을 위해 계획할 만한 것이 있는지 문의해 보시기 바랍니다.

점점 이상해지네

이제부터 이어질 부분에 꽤 많은 시간을 할애하려고 합니다. 이는 단지 이것이 사순 시기의 세 번째 기둥이기 때문만이 아니라, 가장 눈에 띄면서도 오해받기 쉬운 부분이기 때문입니다.

솔직히 말해, 우리 가톨릭 신자들은 이상한 일을 많이 합니다. 장궤(허리를 바로 세운 채 오른쪽 무릎이나 양쪽 무릎을 꿇는 동작), 머리에 재를 받는 것, 미사 중에 꿇고 앉고 서기를 반복하는 유산소 운동 같은 자세 등은 다른 사람들에게는 굉장히 기이하게 보일 것입니다. 사실 생각해 보면 이 이상한 점들의 목록은 꽤 길어질 수 있습니다. 다른 신앙을 가진 사람들과 함께 있을 때 우리는 이러한 가톨릭 특유의 것들을 굉장히 의식할지 모르지만, 우리 중 많은 이들이 공유하는 두 가지 신앙의 핵심 요소인 단식과 희생에 대해서는 잊기 쉽습니다.

전 세계 종교들은 다양한 형태의 단식과 희생을 실천합니다. 이따금 가톨릭에서 요구하는 것보다 훨씬 더 엄격한 방식도 있습니다. 솔직히 단식에 관해서라면, 라마단 한 달 내내 해가 뜰 때부터 질 때까지 모든 음식을 끊는 무슬림 친구들보다 가톨릭 신자들이 훨씬 쉽습니다! 그리고 우리 성경을 펼쳐 보면 유다교 신앙에서 역사적으로 요구되던 희생의 수많은 예를 볼 수 있습니다. 저는 본당 신자들이 염소를 죽이는 것을 보기 위해 모이는 장면은 도저히 상상할 수가 없습니다.

단식과 희생에 있어 가톨릭 신자들에게 요구되는 것이 비교적 적음에도 우리 대부분은 다음 네 가지 범주 중 하나에 속한다고 생각합니다.

1. 아예 하지 않는다.
2. 마지못해 한다.
3. 하기는 하지만, 왜 하는지 모른다.
4. 그리스도의 수난과 더 긴밀히 결합하여 성장하려는 목표를 가지고 기쁘게 한다.

짐작건대, 네 번째 범주에 속하는 가톨릭 신자들은 그 수가 너무 적어서 아마 서로의 이름을 모두 알고 있을 것입니다. 저는 보통 두 번째 범주 주변을 맴돌면서 네 번째 그룹으로 뛰어들기 위해 필사적으로 노력하는 편입니다. 솔직히 말해서, 제 삶의 여러 시기에 저 역시 처음 세 범주 각각에 속했던 적이 있으며, 아마 여러분도 그러셨을 것입니다. 그래서 우리는 사순 여정의 일부로서 단식과 희생을 모두 자세히 살펴볼 것입니다. 이 둘은 공통점이 많으므로, 어떤 부분은 둘 모두에 적용되고 다른 부분에서는 각각을 개별적으로 나누어 다룰 것입니다.

사순 시기
설문 조사

재의 수요일 몇 주 전부터 우리는 보속을 정해야 한다는 압박감이 커지는 것을 느낍니다. 이 보속이야말로 우리 희생의 핵심입니다. 가톨릭 신자들은 마치 시장 조사원처럼 변해서 아는 모든 신자에게 정신없이 한 가지 질문을 던집니다. "사순 시기에 뭘 포기할 거예요?" 솔직히 우리는 모두 비슷한 대답을 계속 들을 텐데, 자신의 계획을 다른 사람의 계획에 기초를 두어서는 안 됩니다. 여론 조사를 하는 대신에 우리는 이 결정에 대해 기도해야 합니다.

무엇을 '포기할지', 더 정확히 말해 사순 시기 보속으로 무엇을 봉헌할지 선택하는 것은, 우리가 예수님을 온전히 받아들이는 것을 가로막는 삶의 장애물을 제거하는 데 초점을 맞춰야 합니다. 불행히도 우리는 종종 사순 시기 희생을 새해 결심의 두 번째 기회처럼 취급합니다.

진정으로 적절한 사순 시기의 보속을 결정하려면 자기 성찰과 기도가 필요합니다. 먼저 자기 삶을 면밀히 들여다보고 지속적으로 부족한 부분이 어디인지 파악하는 것부터 시작해야 합니다. 돈과 시간에 있어서 이기적일 때가 많습니까? 고해성사를 볼 때마다 똑같은 죄의 목록을 반복합니까? 기도 안에서 우리는 성령께 영적 성장을 경험하는 데 도움이 될 만한, 사순 시기에 포기해야 할 것을 알 수 있도록 이끌어 달라고 청해야 합니다.

포기하는 것이 무엇이든지, 그것이 우리가 좋아하지만 끊기로 약속한 것이든 우리의 영적 안녕을 위해 정말로 없애야 할 것이든 그것은 희생입니다. 어쩌면 매일 마시는 비싼 커피일 수도 있고, 육신의 죄일 수도 있습니다. 그것이 무엇이든지 이 실천의 핵심은 하느님과의 관계에 긍정적인 영향을 미쳐야 한다는 것입니다. 다시 말해, 희생에는 목적이 있어야 합니다. 커피숍을 지나가면서 '이 40일이 빨리 끝났으면 좋겠다.'라고 생각한다면 여러분은 아마 신앙생활에서 어떤 성장도 경험하지 못하고 있을 가능성이 높습니다. 하지만 그 가게를 지나가며 '하느님, 제 삶의 안락함에 감사드리며, 안락함은커녕 필수품조차 없는 이들을 도와주소서.'라고 생각한다면 여러분은 감사와 공감 안에서 성장하고 있는 것입니다.

둘째, 우리는 부활 대축일을 보속의 끝이라고 생각하는 것을 멈춰야 합니다. 물론 40일 동안 가장 좋아하는 아침 음료를 끊었다면 축하의 의미로 커피 한 잔을 마시는 것은 해로울 것이 없습니다. 하지만 감사를 드리거나 가난한 이들을 생각하지 않은 채 곧바로 이전의 일상으로 되돌아간다면 여러분은 재의 수요일 전날과 다를 바가 없습니다. 어쩌면 그 즐거움을 계속해서 끊지는 않겠지만, 바라건대 더 적은 횟수로 그리고 더 사려 깊게 즐기게 될 것입니다. 다시 말해, 사순 시기의 희생은 남은 한 해 동안 어떤 영구적인 긍정적 변화를 만들어 내야 합니다.

일 년에 단 두 번뿐

우리는 언제 음식을 끊는 단식을 해야 하며, 그것은 무엇을 의미할까요? 가톨릭 신자에게 단식이 의무인 날은 일 년 중 단 이틀뿐입니다. 바로 재의 수요일과 주님 수난 성금요일입니다. 정말, 그게 전부입니다. 365일 중 이틀, 그것이 요구되는 전부입니다. 심지어 특정 건강 검진을 위해 요구되는 그런 종류의 금식도 아닙니다! 요구되는 최소한은 그날에 고기를 삼가고, 두 번의 간단한 간편식과 한 끼의 정상적인 식사만 하는 것입니다. 이는 세상 어떤 사람들이 평생 매일 먹는 양보다도 많은 것입니다.

자, 제가 고상한 척 단상에 서서 여러분이 얼마나 단식을 못 하는지에 대해 설교하고 있다고 생각하시기 전에, 제 고백을 할 시간이 되었습니다. 저는 단식을 지독히도 못합니다. 저는 평소에 하루 세 끼를 푸짐하게 먹지도 않는데, 먹을 수 없다는 것을 깨닫는 순간, 즉시 배가 고파집니다. 그러니 저를 믿으십시오. 여러분이 단식을 잘하지 못한다면 여러분은 혼자가 아닙니다. 물론 의학적인 이유가 있거나, 이 의무에서 면제되는 연령대(18~65세)를 벗어난 분들도 계실 테니, 그런 분들을 야단치는 것이 아닙니다. 저는 아무 변명의 여지가 없는 저 자신과, 저와 같은 여러분을 야단치고 있는 것입니다.

물론 여러분에게는 교회가 요구하는 최소한보다 더 많은 것을 스스로에게 요구할 선택권이 있으며, 많은 가톨릭 신자들은 실제로 그 이틀 동안 더 엄격한 단식을 실천합니다. 어떤 이들은 보속이나 속죄를 위해 스스로에게 추가적인 단식일을 부과하기도 합니다. 저는 그런 분들께 박수를 보내며, 언젠가 그 대열에 합류하기를 희망합니다. 하지만 지금은 그저 의무 사항을 완수하기 위해 노력할 뿐입니다!

단식의 가까운 친척은 금육, 즉 고기를 먹지 않는 것이며, 이 또한 우리에게는 꽤 쉬운 편입니다. 가톨릭의 금육에 대한 선택은 흥미로운데, 지난 2천여 년 동안 많은 변화가 있었습니다. 지금은 많은 사람이 아예 고기를 먹지 않기로 선택하지만, 역사적으로는 그렇지 않았습니다. 과거에 식탁에 고기가 오르는 것은 부와 명예의 상징으로 여겨졌고, 이 점이 아마도 가톨릭 신자들에게 요구되는 매력적인 보속이 되었을 것입니다. 하지만 (언제나 그렇듯이!) 그리스도께서 우리의 구원을 위해 당신의 생명, 즉 당신의 살을 내주셨다는 점을 고려하면 금육은 단순한 식습관의 제한을 넘어서 그 희생과 연결된 신앙적 의미를 지니고 있습니다.

하지만 왜?
도대체 왜?

우리 신앙의 모든 행위는 궁극적으로 우리 자신을 천국으로, 즉 아버지와 함께 영원을 보내는 곳으로 이끄는 목표를 중심으로 이루어집니다. 어떻게 우리는 아버지께, 그리고 궁극적으로 천국에 갈 수 있을까요? 바로 아드님을 통해서입니다. 어떻게 아드님께 갈 수 있을까요? 글쎄요, 간단한 대답은 그분처럼 되는 것입니다. 예수님을 더 닮아 갈수록 우리는 이상적인 모습, 즉 기준에 더 부합하게 됩니다. 예수님처럼 되기 위해서는 그분을 알아야 합니다. 우리는 성경을 읽고, 성체 앞에 머무르며 기도하는 시간을 통해 이를 실천합니다. 예수님을 알기 시작하면 우리는 그분과 우리의 삶을 나누기 시작합니다.

가장 친한 친구나 배우자처럼 아주 가까운 관계에 있는 사람을 생각해 보십시오. 매우 가까워지기 위해 여러분은 많은 것을 공유했습니다. 처음에는 이야기나 식사를 나누는 것에서 시작하여, 나중에는 휴가를 함께 보냈을지도 모릅니다. 궁극적으로 한 차원 더 높은 친밀감에 도달했다면 자기 삶의 힘든 부분, 고통까지 나누었을 것입니다. 바로 그러한 순간들이 인간관계에서 우리를 결속시키며, 예수님과의 관계에서도 우리를 결속시키는 순간들입니다. 물론 우리에게는 매일 하느님과 기쁨을 나눌 기회가 있으며 그 순간들 역시 매우 중요합니다. 우리는 밖으로 나가 그분의 창조물에 감탄하거나 사랑하는 사람들과 웃으며 시간을 보낼 수 있고, 우리의 창조주께서 우리와 함께 행복을 나누십니다. 그리고 그분의 고통에 동참함으로써 우리는 훨씬 더 깊은 방식으로 그분께 가까워지고 그분을 더 닮아 갈 수 있습니다.

우리가 단식하는 또 다른 이유는 배고픔의 육체적 효과를 느끼기 위함입니다. 배고픔은 강력한 것이며, 먹고자 하는 욕구는 우리 생존 본능의 핵심입니다. 그렇다면 배고픔이 우리가 천국에 가는 데 어떻게 도움이 될까요?

첫째, 육체적 배고픔은 우리 영혼에 대한 주님의 갈망을 상기시키는 역할을 합니다. 그분은 우리가 당신과 함께 있기를 바라시며, 우리가 당신을 우리 삶에 초대하기를 갈망하십니다. 우리가 배고픔을 직면할 때 그 고통은 주님께서 우리가 마음을 바치기를 바라는 깊은 열망에 비하면 아무것도 아님을 기억해야 합니다.

둘째, 배고픔은 우리가 가진 음식에 감사하도록 상기시켜 줍니다. 전 세계, 심지어 우리나라 에도 배고픔의 아픔을 느끼는 사람들이 많습니다. 그들을 마음에 품고 단식함으로써 우리는 많은 이들이 할 수 없는 것, 즉 필요를 충족시킬 수 있음에 감사하며 성장하게 됩니다. 단식은 희생과 마찬가지로 우리를 변화시켜야 함을 기억하십시오. 한 번만으로 끝나는 일이 아니며, 음식을 못 먹는 하느님의 자녀들을 기억하게 하여 우리가 너그러움과 겸손을 배울 수 있도록 돕는 역할을 해야 합니다.

마지막으로, 배고픔은 우리가 온전히 만족하기 위해 하느님께 의존한다는 것을 상기시켜 줍니다. 배가 고파서 음식을 먹어도 결국에는 다시 배가 고파집니다. 하느님만이 우리를 진정으로 채워 주실 수 있는 유일한 분입니다. 그분은 당신의 은총과 사랑으로 우리를 채우시기 때문입니다.

보속의 희생에 대해서도 거의 똑같이 말할 수 있습니다. 우리가 진정으로 즐기는 무언가를 포기할 때 그것을 그리워하거나 심지어 갈망하는 것은 자연스러운 일입니다. 단식과 마찬가지로, 이러한 희생적 경험들은 하느님께서 우리 마음을 얼마나 갈망하시는지 상기시키는 중요한 역할을 합니다. 그렇습니다, 사순 시기 동안 우리의 작은 희생들이 예수님께서 당신의 생명을 바치셨을 때 우리를 위해 치르신 크고 헤아릴 수 없는 희생을 떠올리게 합니다. 또한 우리의 희생은 우리가 예수님을 본받는 법을 배우도록 도와주기도 합니다. 이전의 예로 돌아가서, 우리가 매일 사 마시는 커피 값을 푸드뱅크*에 기부한다면 우리는 진정으로 우리를 위해 치르신 예수님의 희생을 본받는 것입니다.

희생은 어떤 때는 우리가 선택한 것일 수도 있고, 또 어쩔 수 없이 하게 되는 때도 있습니다. 이를테면 자녀의 학비를 내기 위해 기꺼이 새 차 구입을 미루며 희생할 때가 있고, 실직이나 예상치 못한 의료비 때문에 외식의 즐거움은 당분간 포기할 수 밖에 없는 희생도 있습니다. 그러한 희생들을 예수님께 봉헌하고 보속으로 만든다면 결코 무의미하지 않겠지만, 우리가 선택하는 보속은 다릅니다. 우리가 예수님과 결합하기 위해 의도적으로 그리고 신중하게 무언가를 포기하기로 선택할 때 우리는 십자가를 지는 것입니다. 우리는 의식적으로 희생의 십자가를 스스로 받아들여 짊어지고 가는 것입니다.

마지막으로, 우리가 사랑하는 무언가를 단식하거나 희생할 때 우리는 우리가 저지르는 모든 잘못을 보상하기 위해 최선의 인간적인 노력을 하는 것입니다. 누구나 무언가를 망치고 나서 그것을 바로잡으려고 노력해 본 경험이 있을 것입니다. 아마 힘든 날 동료에게 쏘아붙이고는 다음 날 아침에 사과의 의미로 맛있는 빵을 사다 줄 수도 있습니다. 혹은 배우자와 다투다가 사실은 자신이 틀렸다는 것을 깨달은 후에도 자기 입장만 고집하고는, 다음 날 그가 가장 좋아하는 음식을 요리

해 줄 수도 있습니다. 그것이 바로 우리가 하는 일입니다. 우리는 실수를 저지르고, 어떤 행동으로 그것을 바로잡으려 노력합니다. 빵이 정말로 동료에게 퉁명스럽게 대한 것을 보상해 줄까요? 아닙니다. 하지만 좋은 관계를 회복하려는 시도가 우리 사과의 진정성을 보여 주기 때문에 상대방이 우리를 용서할 가능성이 높습니다. 주님과의 관계도 마찬가지입니다. 그분은 우리를 용서하고 싶어 하시고 화해를 갈망하시기에, 우리의 관계가 계속 성장할 수 있도록 우리의 미약한 속죄의 노력을 받아 주십니다. 사순 시기의 노력들이 미약한 시도일 수도 있지만, 다행히 자비로우신 주님께서는 우리의 노력에 만점을 주십니다!

• 전국푸드뱅크는 식품 기부를 통해 저소득층을 지원하고 자원 절약 및 환경 보호에 기여하는 식품 나눔 기관입니다.

하지만
조건이 있습니다

자, 여러분은 단식의 날이나 사순 시기 희생을 주님께 바치기로 결정했고, 이제 준비가 되었습니다. 힘들 것을 알지만, 기꺼이 할 각오가 되어 있습니다. 정말 멋진 일입니다. 그런데 여기에는 조건이 하나 붙습니다. 웃으면서, 혹은 적어도 해맑은 얼굴로 해야 한다는 것입니다.

예수님의 말씀을 기억하십시오. "너희는 단식할 때에 위선자들처럼 침통한 표정을 짓지 마라. 그들은 단식한다는 것을 사람들에게 드러내 보이려고 얼굴을 찌푸린다. 내가 진실로 너희에게 말한다. 그들은 자기들이 받을 상을 이미 받았다. 너는 단식할 때 머리에 기름을 바르고 얼굴을 씻어

라. 그리하여 네가 단식한다는 것을 사람들에게 드러내 보이지 말고, 숨어 계신 네 아버지께 보여라. 그러면 숨은 일도 보시는 네 아버지께서 너에게 갚아 주실 것이다."(마태 6,16-18)

하느님을 위해 무엇인가를 할 때는 단식이든 기도든 봉사든 자랑하기 위해서는 안 됩니다. 다른 사람들이 우리를 거룩하다고 여기게 만들려고 그런 일들을 해서는 안 됩니다. 그것은 단지 우리가 스스로의 교만과 자기 이미지에 집중하고 있다는 의미일 뿐이기 때문입니다. 우리는 하느님 앞에서 공로를 얻으려는 것이지, 세상에 보여 주기 위해 공로 배지를 모으려는 것이 아닙니다. 요란하게 떠벌리지 않고 행할 때 희생과 단식에는 예수님을 본받는 것과도 같은 내재된 겸손의 요소가 있습니다. 우리 구원자께서 수많은 구경꾼들 사이로 십자가를 지고 죽음을 향해 걸어가셨을 때 그분은 사람들을 가리키며 "이것은 너를 위한 것이다. 이봐, 거기 당신, 이건 당신의 죄를 위한 거야.”라고 말씀하지 않으셨습니다. 그렇습니다, 그분은 겸손하게 그리고 불평 없이 고통을 받아들이고 계속 나아가셨습니다.

불평 이야기가 나와서 말인데… 사순 시기 어느 금요일에 저는 점심을 걸러서 곧 죽을 것 같다고 계속 떠들었고, 그것은 핵심을 완진히 놓친 행동이었습니다. 예수님께서는 우리에게 특히 사순 시기 동안 보속을 하라고 요청하십니다. 우리는 그분에 대한 사랑으로 그것에 동의합니다. 그런데 우리가 그것에 대해 끊임없이 불평한다면 과연 그것이 사랑의 행위일까요? 또 예를 들면, 제 남편은 지역 축제에 가는 것을 즐기지만, 저는 항상 좋은 것은 아닙니다. 남편이 원해서 함께 간 것이라도 거기 있는 내내 제가 불평만 한다면 남편은 제 행동에서 사랑을 느끼지 못할 것입니다. 물론 그것이 제가 남편을 사랑하지 않는다는 의미는 아니지만(이 점은 아무리 강조해도 지나치지 않습니다), 그 특정 행동에서는 사랑이 드러나지 않는 것입니다.

변명은 그만

예수님께서 '내가 바라는 것은 희생 제물이 아니라 자비다.'라고 말씀하시는 복음 이야기(마태 12,1-8 참조)를 들을 때마다 저는 가톨릭 신자들이 "보세요! 사순 시기나 다른 어떤 때에도 아무것도 포기할 필요가 없어요."라고 말하는 것을 듣습니다. 하지만 그 복음 이야기에는 더 많은 뜻이 담겨 있습니다.

예수님께서는 특정 상황에 대한 응답으로 그 말씀을 하셨습니다. 그분과 제자들이 밭을 지나가고 있었는데, 배가 고팠던 제자들이 밀 이삭을 뜯어 먹었습니다. 곡식을 수확하는 것은 안식일을 어기는 죄였으므로, 바리사이들은 기본적으로 규

정 위반의 꼬투리를 잡아 그들을 책망하려 했습니다. 하지만 예수님께서는 바리사이들을 꾸짖으시며, 그 사람들이 아무 죄도 없다고 설명하셨습니다. 그분은 배고픔 때문에 다윗과 그의 일행이 성전에 들어가 제사 빵을 먹은 이야기를 상기시켰습니다. 그것은 유다 율법의 관점에서는 완전히 위법이었지만, 하느님 눈에는 그렇지 않았습니다.

이 구절이 우리에게 모든 종류의 희생이나 단식에 대해 완전한 면죄부를 주는 것처럼 보일 수 있지만, 그렇지 않습니다. 첫째, 자비는 항상 희생 제물보다 더 중요합니다. 커피 예로 돌아가서, 여러분이 카페인 금단 현상 때문에 강아지를 걷어차고 사람들에게 소리를 지른다면 하느님께서는 아마 여러분이 어리석게 행동하기보다는 에스프레소 한 잔을 마시기를 더 원하실 것입니다. 물론 이것은 극단적인 예시이며, 하느님께서는 여러분이 어떤 것에도 중독되지 않기를 바라십니다. 제가 무슨 말을 하려는지 다들 아실 겁니다. 희생은 결코 자비를 대가로 치러져서는 안 됩니다.

둘째, 우리가 희생을 하거나 단식을 하는 것은 율법을 지키기 위함이 아닙니다. 우리는 앞서 다룬 다른 이유들 때문에 그것을 하는 것입니다. 마지막으로, 예수님께서 바리사이들과 이 대화를 나누셨을 때 그분은 아직 궁극적인 희생을 알리지 않으셨습니다. 그분은 아직 십자가에 못 박히지 않으셨으므로 그분을 본받거나 희생 안에서 그분과 결합하는 것은 그 순간에는 선택지가 아니었습니다.

이 구절은 또한 사순 시기 혹은 여러분이 희생 행위에 참여하는 다른 어떤 때에 지침을 따를 때 예수님께서 여러분이 분별력을 발휘하기를 원하신다는 것을 나타냅니다. 여러분이 아프거나 쇠약하거나 어지러움을 느낀다면 예수님께서는 아마 여러분에게 그 밀 이삭을, 혹은 쿠키를 집어 들라고 말씀하실 것입니다! 그분과 결합하려다 기절하지는 마십시오. 기억하십시오, 목표는 우리 자신을 굶기는 것이 아니라, 단지 그분의 고통에 감사하고 우리 자신을 그분께 더 가까이 이끌기 위해 어느 정도의 결핍을 경험하도록 하는 것입니다. 정말로 몸이 아플 때는 무언가 조금 드십시오. 하느님께서는 이해하십니다.

희생하고 단식합시다

우리의 이상한 종교적 관습인 희생과 단식에 대해 조금이나마 설명을 해 드렸기를 바랍니다. 희생과 단식은 벌이나 고문이 아닙니다. 이 실천들은 우리 자신을 예수님께 더 가까이 이끌기 위한 핵심적인 부분입니다. 이는 기도의 한 형태이며, 기도란 우리의 상상 이상으로 우리를 사랑하시는 놀라우신 창조주와 소통하는 방식입니다. 이 특별한 형태의 기도를 통해 우리는 그분과, 그리고 우리와 우리의 죄를 위해 겪으신 그분의 고통과 결합하려는 우리의 열망을 예수님께 보여 드리는 것입니다. 그러므로 우리의 노력 안에서 서로를 지지하며 모두 함께 천국으로 갑시다.

단식은 모든 사람을 위한 것이 아닐 수 있으며, 단식에 참여하기로 결정하기 전에 반드시 여러분의 육체 및 정신의 건강을 고려해야 합니다. 하지만 희생은… 글쎄요, 그건 다른 이야기입니다. 우리는 모두 무언가를 희생할 수 있습니다. 평소 스스로에게 선물하던 여유로운 것들을 희생할 수도 있고, 혹은 포기할 만한 여유조차 없는 처지일 수도 있습니다. 그래도 우리는 여전히 죄스러운 습관을 버리거나 우리 자신을 더 많이 내줄 수 있습니다. 우리는 주변 사람들에게 시간이나 관심을 내줄 수 있습니다. 우리는 모두 봉헌할 무언가를 가지고 있습니다. 그리고 주님께서는 그 모든 것을 보십니다. 그분은 우리가 좌절하고 지쳤어도 잠자리에서 아이에게 책을 읽어 주는 순간들을 보십니다. 그분은 우리가 끔찍한 소식을 들었음에도 가게의 계산원에게 미소 짓는 순간들을 보십니다. 그렇습니다, 그분은 우리가 커피숍을 지나치며 우리의 욕망을 희생하느라 아주 약간 고통받는 순간들도 보십니다. 그분은 보시고, 우리에게 당신의 은총으로 보상해 주십니다. 그것만으로도 모든 것이 가치 있습니다!

저는 커피를 정말 좋아합니다. 매일 아침 커피 한 주전자를 내리고, 한 잔을 마시기 전까지는 누구와도 말을 하지 않습니다. 저는 커피를 어떤 식으로든 악당으로 만들려는 것이 결코 아닙니다. 제가 그것을 포기한다는 생각만으로도… 생각할 수조차 없기 때문에 완벽한 예시가 되었을 뿐입니다. 음, 아마 다음 사순 시기에는 제가 무엇을 포기해야 할지 알 것 같네요.

잊지 마세요,
고해성사를 받으십시오!

한 해 동안 교회가 우리에게 고해성사를 받도록 강력히 권고하는 시기가 두 번 있습니다. 바로 대림 시기와 사순 시기입니다. 부활 시기를 깨끗한 마음으로 시작하는 것은 아주 좋은 생각입니다. 그러니 여러분의 사순 시기 계획에 고해성사를 꼭 포함시키십시오. 많은 교구에서 사순 시기 동안 고해성사를 위한 시간을 연장하여 마련하므로 자신에게 맞는 시간을 찾는 것이 그리 어렵지 않을 것입니다.

성삼일에
온전히 참여하기

자, 저는 주님 만찬 성목요일부터 부활 주일의 저녁 기도까지의 전례가 '성삼일'*이라고 불린다는 것을 알지만, 그 라틴어 단어(Sacrum Triduum)를 어떻게 발음해야 할지 늘 헷갈립니다. 이 3일은 우리 사순 시기 경험의 정점입니다. 의무는 아니지만, 이 모든 전례에 참여하여 사순 시기를 온전히 마무리하는 것이 얼마나 놀라운 일인지 아무리 강조해도 지나치지 않습니다! 하나씩 살펴보겠습니다.

주님 만찬 성목요일 미사는 해가 진 후 저녁에 거행되며 '주님 만찬 미사'로 알려져 있습니다. 이는 우리가 파스카 성야까지 성체 축성을 경험할 수 있는 마지막 시간입니다. 우리가 주님 수난 성금요일에 모시는 성체는 주님 만찬 성목요일에 미리 축성한 것입니다. 종종 주님 만찬 미사에는 발 씻김 예식이 포함됩니다. 신자들이 미리 선정되어 제단으로 나아가면 주례 사제가 그들의 발을 씻어 줍니다. 이는 물론 예수님께서 수난 직전에 사도들의 발을 씻어 주신 복음 내용에 기반하며, 또한 이때 예수님께서 사제직을 정하셨습니다. 이 예식은 우리가 서로를 위해 봉사하기 위해 이곳에 있음을 상기시켜 주며, 강력한 경험이 됩니다. 미사는 감실이 비워진 채 파스카 성야에 주님의 부활을 경축할 때까지 (예수님께서 제자들에게 요청하신 대로 그분과 함께 한 시간 깨어 있는) 수난 감실에서 한 시간 동안의 성체 조배에 참여하라는 초대로 끝납니다. 만약 본당에 별도의 성체 조배실이 있다면, 예수님의 성체는 옮겨지고 조배실은 파스카 성야 미사가 끝날 때까지 닫힐 것입니다. 또한 주님 만찬 성목요일 이른 시간(때로는 성주간 다른 날로

옮겨지기도 합니다)에 여러분이 아마 한 번도 참석해 본 적 없을 또 다른 특별한 행사가 있습니다. 바로 '성유 축성 미사'입니다. 이 미사는 각 교구의 교구장 주교가 주례하며 모든 성직자가 참여합니다. 이 미사는 그리스도의 사제직 제정을 기념할 뿐만 아니라, 이 미사 중에 병자 성유와 예비 신자 성유, 축성 성유를 축성합니다. 이 성유는 한 해 동안 본당에서 세례성사, 견진성사, 병자성사를 위해 사용됩니다.

성금요일에는 미사에 참례하지 않을 것입니다. 미사가 봉헌되지 않기 때문입니다. 하지만 성당에 가서 영성체는 할 수 있습니다. 성체 축성은 미사의 정의에 필수적인데, 성체 축성이 없으므로 미사가 아니라 단지 전례 예식만 있는 것입니다. 그것이 무엇이든 꼭 참례해 보셔야 합니다! 아름다운 말씀 전례와 영성체 분배 외에도 주님의 죽음과 시간을 맞추기 위해 오후 3시경 이 경험에 몰입

할 수 있는 추가적인 은혜를 얻게 됩니다. 예식이 끝날 때의 침묵은 매우 깊습니다. 일반적으로 십자가 경배를 위한 시간이 있으며, 이때 각 개인은 깊은 인사나 입맞춤 그리고 손길로 십자가를 개별적으로 경배할 수 있습니다.

파스카 성야는 여러분의 사순 여정을 마무리하는 강력한 방법입니다. 솔직히 말씀드리겠습니다. 긴 미사입니다. 독서는 대략 200개 정도 됩니다(사실은 그렇지 않고, 최대 7개입니다). 부활의 순간이 경축될 때까지 여러분은 희미하게 밝혀진 성당(많은 본당이 촛불을 사용합니다)으로 들어갑니다. 불이 켜지고 부활하신 주님의 장엄함이 성당 전체에 반영됩니다. 알렐루야가 다시 울려 퍼지고, 교회는 다시 살아 있는 느낌을 줍니다. 그 상징성은 거의 압도적입니다. 부디 이 경험을 꼭 해 보길 바랍니다! 이제 저를 믿으십시오. 모두가 파스카 성야에 참여할 수 없다는 것을 이해하며, 저 또한 부활 대축일 아침 미사에 대신 참례했던 해들이 있습니다. 자녀가 있다면 그들의 나이가 명백한 장애물이 될 수 있습니다. 지난 몇 년간 제 딸은 부활 대축일 아침 9시 미사에서 노래하는 어린이 성가대에 있었기 때문에 전날 밤늦게까지 깨어 있는 것은 좋은 선택이 아니었습니다. 하지만 혹시 시간을 낼 수 있다면 그럴 만한 가치가 정말 충분합니다.

• 전례 주년과 전례력에 관한 일반 규범 19항 참조.

드디어 끝났다

저는 이 책을 말하는 것이 아닙니다. 사순 시기를 말하는 것입니다. 우리 구원자께서 우리, 네, 바로 당신과 저를 위해 견디신 자기희생의 궁극적이고 가장 위대한 표현을 통한 40일간의 여정 말입니다. 주님의 수난과 죽음은 개인적인 것입니다. 하느님께서는 시간 밖에 존재하시기에 예수님께서는 우리 이전에 살았던 영혼들, 그리고 우리 이후에 올 영혼들뿐만 아니라 우리 각자의 개인적인 죄를 위해서도 돌아가셨습니다. 잠시 이 사실을 깊이 되새겨 보는 시간을 가져 봅니다.

사순 시기가 끝나고 나면 우리는 즉시 사순 이전의 옛 방식으로 돌아가 아무 일도 없었다는 듯

이 알렐루야와 값비싼 커피며 초콜릿을 즐기면 될까요? 그러지 않는 편이 더 좋습니다. 사순 시기 동안 우리에게 어떤 영속적인 변화가 이루어지지 못했다면 우리는 그 시기를 잘 보내지 못한 것입니다. 물론 그 효과가 극적이지는 않겠지만, 진심을 다해 그 시기를 보냈다면 우리가 경험한 영적 성장의 일부는 우리에게 남아 있을 것입니다. 사순 시기에 희생했던 좋아하는 것들을 다시 즐기는 것 자체가 문제가 아니라, 그것이 우리 마음속에서 차지하는 비중이 이전보다는 작아졌을 거라는 말입니다. 우리의 기도 및 신심 생활은 초콜릿 포장지처럼 버려져서는 안 됩니다. 우리가 경험하기 시작한 감사와 겸손은 우리를 지속적으로 더 자비롭게 만들어야 합니다. 다시 말해, 우리가 사순 시기 동안 짊어졌던 십자가는 계속 우리 어깨 위에 머물러야 하지만, 이제는 우리 구원자께서 우리를 위해 당신의 십자가를 지시는 것을 목격했기 때문에 더 가볍고 지기 쉽게 느껴져야 합니다.

이것이 우리가 사순 시기의 무거움을 남은 한 해 내내 지고 가야 한다는 의미는 아닙니다. 우리는 끊임없는 회개와 회심의 필요성을 잊지 않으면서도, 사순 시기의 자루 옷을 벗어던질 수 있고 또 그렇게 해야 합니다. 하지만 주님의 부활로 절정을 이루는 사순 시기의 끝은 우리가 신앙의 기쁨에 흠뻑 빠져들 수 있음을 의미합니다. 요컨대 성 요한 바오로 2세 교황의 말씀처럼 말입니다. "절망에 빠지지 마십시오. 우리는 부활의 백성이며, 알렐루야는 우리의 노래입니다!"

저자 소개

미셸 존스 슈뢰더 Michelle Jones Schroeder는 루이지애나주 배턴루지에 살고 있습니다. 결혼한 지 20년이 넘은 그녀는 남편과 두 자녀와 함께 즐거움과 피로를 동시에 느끼며 지내고 있습니다. 루이지애나주립대학교를 졸업한 후 그녀는 마케팅 및 경영 분야에서 사회생활을 시작했고 경력을 쌓았습니다. 이후 아이들을 돌보며 전업주부로 몇 년을 보낸 후, 서툰 요리 솜씨를 계기로 주방 용품을 발명하고 작은 사업체를 시작했습니다. 그녀는 피에트렐치나의 성 비오와 1980년대 음악에 푹 빠져 있으며, 배턴루지에 있는 자비의 성모 본당에서 활동하고 있습니다.